AF326270

TABLE

DES

EDITS, DECLARATIONS,

ARRESTS

ET REGLEMENS,

CONCERNANT

LES DOMAINES ET DROITS Y JOINTS.

Rendus pendant la quatriéme année du Bail
de Mᵉ. NICOLAS DESBOVES.

Commencée le premier Octobre 1735. & finie le
dernier Septembre 1736.

A PARIS,

Chez PIERRE PRAULT, Imprimeur des Fermes & Droits du Roy,
Quay de Gêvres, au Paradis.

M. DCC. XXXVIII.

TABLE

DES

EDITS, DECLARATIONS,

ARRESTS ET REGLEMENS.

Rendus pendant la quatriéme année du Bail
de M^e. NICOLAS DESBOVES.

Commencée le premier Octobre 1735. *& finie le dernier*
Septembre 1736.

CONCERNANT les Domaines de France, Controlle des Actes
des Notaires, Petits-Scels, Insinuations Laïques, Centiéme
Denier, Controlle des Exploits, Greffes, Amortissemens,
Francs-Fiefs & nouveaux Acquests ; & Droits reservés
dans les Cours & Jurisdictions, par les Edits des mois
d'Aoust 1716. Janvier & Novembre 1717. & rétablis
par la Declaration du 15. May 1722.

Du 11 *Octobre* 1735.

SENTENCE du Bureau de la Ville de Paris, qui
condamne Mathieu Maclou Maître Charpentier,
en trois mille livres d'amende applicable à l'Hôpital General ; ordonne qu'un petit Bâtiment a-
dossé contre le mur du Voisin à droite en entrant, dans le

Terrain & Place en Chantier qui lui appartient ruë de la Grange-Batelliere Fauxbourg Mont-Martre ; & les quatre Angards par lui presque construits, seront rasez, les Materiaux confisquez, & les Places réünies au Domaine du Roy, pour avoir sans permission fait construire dans la portion desdits Terrain & Place en Chantier sis le long du Rempart, ledit petit Bâtiment ; avoir en icelui construit deux souches de Cheminées formant quatre tuyaux ; fait commencer une fouille de fondation sous icelui ; & avoir dans ledit Terrain construit quatre Angards ou Apentis, separés les uns des autres d'environ cinq à six pieds sur la longueur, & non conformes au plan joint à la Requeste par lui presentée au Bureau de ladite Ville.

Novembre 1735.

*   Lettres Patentes de ratification de l'échange fait entre le Roy & M. le Duc d'Usez, de la Terre & Baronie de Levy situ[ée] entre Montfort & Chevreuse près le Parc de Versailles, & près le Village de Trape, circonstances & dépendances ; ainsi qu'une Maison située audit Levy, avec quatorze arpens de terres labourables, deux arpens de Prez & un arpent & demi de Vignes ; contre les Domaines, Terres, Fiefs, Justices, Mouvances, Directes, Censives, Albergues, & autres Droits appartenans au Roy dans la Ville d'Usez, Saint Jean de Marvejols, & autres Paroisses & Lieux dépendans de la Claverie d'Usez, & Pays d'Usez dont ledit sieur Duc d'Usez étoit engagiste. *Registrées au Parlement le 3. Fevrier 1736.*

Du premier Decembre 1735.

*   Arrest du Conseil, qui ordonne l'execution des Edits des mois de Decembre 1701. & 1727. servant de Reglement pour la perception des Droits d'Ensaisinement dans tout le Royaume, sans qu'il puisse être sursis à l'execution, sous prétexte de contestations nées & pendantes au Conseil ou dans d'autres Tribunaux pour raison de ce ; & enjoint aux Receveurs Generaux des Domaines & Bois de decerner lesdites

contraintes, contre les Proprietaires de Biens relevans des Domaines du Roy, acquis depuis le premier Janvier 1702. lesquelles feront executées par provifion.

Des 15. Novembre 1735. & 26. Fevrier 1737.

* Arrefts du Confeil, qui autorifent les Receveurs Particuliers des Bois à Sieger, lors des adjudications des Bois du Roy, de même qu'ont Droit de Sieger les Receveurs Generaux des Domaines & Bois.

Du 22. Novembre 1735.

* Arreft du Confeil, qui condamne le nommé Desjardins en cent livres de dommages & interefts, pour avoir coupé par un foffé le chemin de la commune d'Anneret dans le Pays d'Auge; & qui porte Reglement pour la largeur des Barrieres dont on fe fert en Normandie pour clorre les Herbages.

Du 22. Novembre 1735.

* Arreft du Confeil, qui ordonne l'execution de la Sentence de la Maîtrife des Eaux & Forefts de Paris, qui avoit condamné à l'amende un Particulier pefchant fans qualité avec Filets deffendus, & qui avoit infulté les Officiers de ladite Maîtrife : Fait deffenfes à toutes perfonnes de pefcher fans qualité & avec des Filets deftendus, comme auffi d'infulter les Officiers des Eaux & Forefts lors de leurs vifites, à peine de cinq cent livres d'amende : Enjoint à toutes perfonnes de montrer aufdits Officiers les Poiffons qu'ils auront pefchez, les Filets dont ils fe feront fervis; & aux Maîtres Pefcheurs de ne fe fervir d'aucuns Filets, qu'ils n'ayent été plombés & marqués.

Du 6. Decembre 1735.

* Arreft du Confeil, qui caffe un Executoire décerné fur le Receveur des amendes des Eaux & Forefts de la Maîtrife

de Tours par le Maiſtre Particulier de ladite Maiſtriſe, avec
deffenſes d'en rendre de pareils, ſous les peines portées par
l'Article LVI. de l'Edit du mois de May 1716. lorſqu'il n'aura pas de fonds entre ſes mains pour acquitter leſdits Exé-
cutoires.

Du 6. Decembre 1735.

* Arreſt du Conſeil, qui fait deffenſes au Juge Chaſtelain
de Bellevaux & à tous autres Juges des Seigneurs, de prendre connoiſſance des coupes d'Arbres, Futayes, Balliveaux
ſur taillis & Arbres éparts, qui ſeront faites dans les Bois des
Communautez, ſous les peines portées par l'Arreſt du Conſeil du 20 Novembre 1725. & pour y avoir contrevenu, condamne ledit Juge de Bellevaux en deux cent livres d'amende; enſuite duquel Arreſt ſont les Lettres Patentes expediées
en conſequence.

Des 20. Decembre 1735. & 14. Avril 1736.

Arreſt du Conſeil & Lettres Patentes, *Regiſtrées en la Chambre
des Comptes le 30. Juin* 1736. qui approuvent & confirment le
Bail fait par Mᵉ. Nicolas Desboves adjudicataire des Fermes
Generales Unies, à Mᵉ. Charles Yvon le 30. Juillet 1733. pour
ſix années commencées le premier Janvier 1733. des Droits
cy-devant attribués à l'Ordre de Saint Louis, conſiſtant aux
Droits de Lods & Ventes, Treiziémes, Quints & Requints,
Rachats, Sous-rachats, Aubaines, Bâtardiſes, Desherences,
Epaves, Confiſcations & autres Droits Seigneuriaux de pa-
reille nature; comme auſſi de joüir des Domaines engagés à
vie pendant la premiere année du décès des Engagiſtes; ordonnent qu'il ſera tenu de compter du prix de ſondit Bail, tant
au Conſeil qu'en la Chambre des Comptes; & qu'il ſera fait
fonds dans les Etats au vrai, tant des frais de compte que des
Epices.

Du 2. Janvier 1736.

* Arreſt du Conſeil, rendu en faveur des ſieurs Inſpecteurs
Generaux du Domaine de la Couronne, qui juge qu'ils ne

peuvent être condamnés aux dépens , ni leur en être ac-
cordé par les Arrests & Jugemens rendus dans les Procès &
affaires dans lesquels il s'agit de la deffense du Domaine.

Du 10. Janvier 1736.

* Arrest du Conseil, concernant les restitutions d'amendes,
qui casse deux Sentences des Juges des Reguaires & du Pre-
sidial de Nantes, des 26 Juillet 1727. & 13 May 1729. dé-
fend ausdits Juges d'en ordonner aucunes hors les cas expri-
més par la Declaration du 21. Mars 1671. sous les peines portées par l'Arrest du 14 Juin 1723.

Et ordonne que le sieur Cochon de Maurepas qui a retiré
lesdites amendes , sera contraint au rapport & payement d'i-
celles.

Du 10. Janvier 1736.

* Arrest du Conseil, qui ordonne que les Fermiers actuels
des Domaines percevront à leur profit tous les Revenus des
Domaines, Droits Domaniaux, casuels, fixes & autres échûs
pendant les Baux précedens, dont il n'aura pas été formé de
demande pendant l'année de délai , accordée aux anciens
Fermiers par l'Arrest du 17 May 1720.

Du 16. Janvier 1736.

* Declaration du Roy , portant Reglement pour les adjudications par décret en Languedoc, *contenant vingt-deux Articles , Registrée au Parlement de Toulouze , & en la Cour des
Comptes , Aydes & Finances de Montpellier , le 28 Janvier 1736.*

Du 17. Janvier 1736.

* Lettres Patentes , qui nomment des Commissaires pour
faire proceder à un Terrier general des Domaines de Ver-
failles, Marly, Saint Germain en Laye & Meudon , *Registrées
au Greffe de la Commission le 26. Janvier audit an , ensuite est*
l'Ordonnance des sieurs Commissaires Generaux du Conseil,

députez par Sa Majesté pour la confection dudit Terrier du 26. dudit mois de Janvier, *contenant six articles.*

Du 17. Janvier 1736.

* Declaration du Roy, portant que la Province d'Artois n'est point censée comprise dans les Articles XIX. XX. & suivans jusqu'à l'article XXXII. de l'Ordonnance du mois de Fevrier 1731. concernant les formalités des Insinuations de Donations. *Registrée en Parlement le 28. Fevrier 1736.*

Du 20. Janvier 1736.

* Declaration du Roy, servant de Reglement sur la Jurisdiction du Parlement de Toulouze, & sur celle de la Cour des Comptes, Aydes & Finances de Montpellier, & autres Tribunaux & Sieges de Languedoc, par rapport aux matieres dont chacune desdites Cours & Tribunaux doivent connoître, *Registrée au Parlement de Toulouse, & en la Cour des Comptes, Aydes & Finances de Montpellier.*

Fevrier 1736.

* Instruction pour la Regie des Domaines de Normandie, conforme à la Coûtume & aux Edits, Declarations & Reglemens du Conseil.

Des 7. & 19. Fevrier 1736.

* Reglement & Lettres Patentes, *Registrées au Parlement de Rennes le 22. Mars 1736.* pour la Fabrique, Visite, & Marques des Toilles appellées Bretagne, qui se font dans la Province de Bretagne ; fixent les Ports de Saint Malo, Nantes, Morlaix & Landerneau pour la Sortie desdites Toiles destinées pour l'Etranger ; permettent aux Commis & Preposés à la Marque d'icelles de tenir leurs Registres en papier non-timbré, ainsi qu'aux Officiers des Jurisdictions des Manufactures, ceux sur lesquels ils doivent enregistrer les noms & demeures des Fabriquans, & que les Procès verbaux de nominations des Inspecteurs-Marchands, & les Expeditions

qui en pourront être faites, seront expediées en papier commun, & non timbré, sans pouvoir être assujettis au Controlle, ni à aucune sorte de Droits, *contenant cinquante articles.*

Des 7. & 19. Fevrier 1736.

* Reglement & Lettres Patentes, *Registrées au Parlement de Rennes le 22. Mars 1736.* pour la Fabrique, Visite & Marque des Toilles appellées Crées & Enveloppes, qui se font dans la Province de Bretagne; fixent les Ports de Morlaix, Landerneau, Nantes & Saint Malo pour la Sortie desdites Toiles destinées pour l'Etranger; permettent aux Commis & Preposés à la Marque d'icelles de tenir leurs Registres en papier commun & non-timbré, ainsi qu'aux Greffiers des Jurisdictions des Manufactures, sur lesquels ils doivent porter & enregistrer les noms des Fabriquans, & que les Procès verbaux de nominations des Inspecteurs-Marchands, & les Expeditions qui en pourront être faites, seront expediés en Papier non-timbré, sans pouvoir être assujettis au Controlle, ni à aucune sorte de Droits, *contenant cinquante-trois articles.*

Du 6. Mars 1736.

* Arrest du Conseil, qui sans s'arrêter à la Procedure faite à la Requeste du Chapitre de Langres, devant les Officiers du Bailliage dudit lieu, pour raison des Arbres de Futaye & Balivaux coupés dans les Bois de la Seigneurie de Tilampon, ni à l'appel interjetté au Parlement par lesdits Officiers à l'assignation donnée à leur Requeste en consequence dudit appel, tant au sieur de la Faluere Grand Maître des Eaux & Forests du Département de Paris, qu'aux Officiers de la Maîtrise de Sens le 25. Janvier 1736. ni à tout ce qui pourroit s'en être ensuivi, que Sa Majesté a cassés & annullés; ordonne que l'Ordonnance des Eaux & Forests du mois d'Aoust 1669. Titre des Bois appartenans aux Communautez des Gens de Main-morte, & les Arrests du Conseil des 16. May 1724. 22. Janvier 1729. 19. Juin 1731. & 29. Mars 1735. seront executés selon leur forme & teneur, & que

conformément à iceux ledit Chapitre, pour la coupe desdits Bois de Futaye & Baliveaux, & les nommés Jean Lambert, Claude Venichon & Felix Cardot, pour le défrichement par eux fait de partie des Patis & Communaux des Habitans d'Herbot, seront tenus de proceder au Siege de ladite Maîtrise comme auparavant lesdites procedures, appel & assignations, jusqu'à Sentence définitive inclusivement, sauf l'appel en la maniere accoûtumée ; fait défenses ausdits Officiers du Bailliage de Langres, & à tous autres, de troubler à l'avenir ceux de ladite Maîtrise de Sens dans leurs fonctions, ni prendre connoissance des Bois des Gens de Main-morte, Prés & Patis communaux, sous quelque pretexte que ce puisse être, à peine d'interdiction, & de Trois mille livres d'amende.

Du 13. Mars 1736.

* Arrest du Conseil, qui casse une Sentence des Juges & Consuls de Saulieu du 13. Juillet 1735. ordonne que les articles V. & XIV. du Titre de la Jurisdiction de l'Ordonnance des Eaux & Forests du mois d'Aoust 1669. seront executez selon leur forme & teneur ; en consequence que l'instance retenuë par lesdits Juges Consuls à l'occasion d'une societé contractée pour l'exploitation de plusieurs Cantons de Bois, circonstances & dépendances, les Parties seront tenuës de proceder en la Maîtrise particuliere des Eaux & Forests d'Avalon jusqu'à Sentence définitive inclusivement, sauf l'appel en la maniére accoûtumée ; fait très-expresses inhibitions & deffenses ausdits Juges de prendre à l'avenir connoissance de pareilles contestations, à peine de Mille livres d'amende, qui demeurera encouruë à la premiere contravention.

Du 20. Mars 1736.

* Arrest du Conseil, qui décharge le nommé Doüard, Huissier Audiencier en la Maîtrise des Eaux & Forests de Poitiers, de sept livres cinq sols d'Ustancile à laquelle il a été imposé au Rolle de 1735. condamne les Maire & Echevins de ladite Ville en Cinq cens livres d'amende, & au
coût

coût de l'Arrest, & fait deffenses sous les mêmes peines &
plus grande s'il y échoit, aux Maires & Echevins des Villes
& Bourgs, & à tous autres, de comprendre à l'avenir les
Officiers, Huissiers Audienciers, Arpenteurs, Gardes Generaux & Gardes Particuliers des Maîtrises des Eaux & Forests,
dans aucuns Rolles d'Ustanciles, fournitures, contributions,
subsistances & autres charges publiques, de leur distribuer
aucuns logemens de Gens de Guerre, & de les troubler dans
les Privileges & Exemptions attribués à leurs Offices.

Du 25. Mars 1736.

* Arrest du Conseil, qui régle le temps dans lequel les
Fermiers actuels des Domaines pourront décerner leurs contraintes pour le recouvrement des Droits d'Amortissemens
& Franc-Fiefs échûs dans le cours des Baux anterieurs dont
la demande n'aura pas été faite par les anciens Fermiers,
dans les termes qui leur sont accordez par les Arrêts du
Conseil des 22. Aoust 1719. & 15. Septembre 1723.

Novembre 1563. & 27. Mars 1736.

* Edit du Roy, *Registré en Parlement le 23. Decembre 1563.*
sur le fait des Saisies d'Heritages, Terres & Possessions pour
Censives & Rentes foncieres, & Arrest de la Cour de Parlement, qui condamne differens Particuliers à faire Amende-
honorable, pour avoir avancé des faits faux, dans la vûë de se
dispenser de payer les Redevances à leur Seigneur.

Du 9. Avril 1736.

* Declaration du Roy, *enregistrée au Parlement le 13. Juillet*
1736. concernant la forme de tenir les Registres des Baptêmes,
Mariages & Sepultures, Vestures, Noviciats & Professions,
& des extraits qui en doivent être délivrez ; dispense les Hô-
pitaux de tenir en papier timbré les Registres ausquels ils sont
assujettis ; exempte du Controlle des Exploits, Sceau, & de
tous autres droits, les Procès verbaux, Sentences & Arrests

qui interviendront à l'occasion des pourfuites à faire par les Procureurs Generaux & leurs Subftituts, pour raifon de la tenuë defdits Regiftres ; & exempte pareillement de Droits de Controlle & tous autres, tant lefdits Regiftres, que les extraits des Actes y contenus, & les décharges qui feront données dans les cas énoncez dans ladite Declaration. *Contenant quarante-deux Articles.*

Du 25. Avril 1736.

*****   Lettres Patentes, *Regiftrées en la Chambre des Comptes le 14. May 1736.* qui permettent aux Vaffaux, Poffeffeurs de fimples Fiefs & non titrez, de rendre par Procureurs fondez de Procurations fpeciales paffées pardevant Notaires, & dont il fera refté Minutte, les hommages dont ils font tenus lorfqu'ils font domiciliez au-delà de cinq lieuës des Villes où il y a des Chambres des Comptes & Bureaux des Finances aufquels ils font obligez de rendre lefdits hommages, fans qu'il puiffe être, à caufe defdites Procurations, reçû plus grands Droits que s'ils rendoient lefdites hommages en perfonne ; ordonnent que ceux qui n'y ont point encore fatisfait feront tenus de le faire perfonnellement, finon qu'il fera procedé par Saifies Féodales de leurs Fiefs à la Requefte des Procureurs Generaux defdites Chambres des Comptes, ou dés Procureurs du Roy defdits Bureaux des Finances ; deffendent d'ufer d'aucunes autres voyes, foit de condamnation d'amende, courfes d'Huiffiers chez lefdits Vaffaux, à rendre lefdits Actes de foi & hommages, aveux & dénombrement, ni à payer les Droits de Garde qu'ils peuvent devoir, & aufdits Huiffiers de recevoir d'eux aucunes fommes pour frais de Saifies féodales, ou autres frais de tranfport, courfes, vacations, & autres generalement quelconques, qu'en vertu des taxes qui leur feront faites en la maniere accoûtumée ; dont ils laifferont copie, & donneront quittance aufdits Vaffaux, à peine de punition exemplaire.

Du 8. May 1736.

* Arrest du Conseil, qui fait deffenses aux Officiers des Chancelleries d'expedier dans le cas d'appel des Jugemens des Bureaux des Finances, poursuivis à la Requeste des Receveurs Generaux des Domaines, aucunes Lettres, qu'il ne leur ait apparu de l'évocation desdits Jugemens; & condamne le sieur Caumel Secretaire du Roy en la Chancellerie près le Parlement de Toulouze, en l'amende de cinq cens livres, pour avoir contrevenu à la disposition des Edits des mois d'Avril 1627. May 1636. Mars 1693. Octobre 1704. Fevrier 1705. Arrests des 30. May 1659. 25. Novembre 1710. 24. Septembre 1726. & 25. Fevrier 1727. & aux Edits, Declarations & Arrests sur ce intervenus, qui seront exécutés selon leur forme & teneur.

Du 18. May 1736.

* Sentence renduë par les Prevost des Marchands & Echevins de la Ville de Paris, qui condamne Antoine Coüiller Pescheur & Propriétaire d'une maison sise au Gros Caillou, en trois mille livres d'amende applicable à l'Hospital General, pour avoir sans permission commencé la reconstruction de plusieurs Salles, relevé les planchers, exhaussé les murs de closture de ladite maison, & avoir commencé la construction par augmentation d'environ sept pieds de longeur, sur les mêmes profondeur & hauteur que le bastiment desdites salles; ordonne que lesdites constructions seront rasées, les materiaux confisquez & la place réünie au Domaine du Roy.

Des 22. & 29. May 1736.

* Reglement & Lettres Patentes pour la Fabrique, Visite & Marque des Toiles appellées Nantoises, de Clisson, façon de Clisson, Hauts & Bas Brin de Dinan, de S. George, Beuriers, Peltres, Brins communs de Fougeres, de Vitré, de Halle & d'Emballage, & autres differentes sortes de

Toilles appellées Fortes ou d'usage, sans autre dénomination particuliere, qui se fabriquent dans la Province de Bretagne; ordonnent que les Registres qui doivent être tenus par les Greffiers des Jurisdictions des Manufactures, & ceux tenus par les Commis & Préposez à la Marque dans les Bureaux établis à cet effet, pourront être en Papier non-timbré, & cottez & paraphez sans frais par les Juges des Manufactures ; & que les Procès-verbaux de nomination des Inspecteurs - Marchands, & les Expeditions qui en pourront être faites, seront expediés en papier commun & non-timbré, sans pouvoir être assujettis au Controlle, ni à aucune sorte de Droits, de quelque nature qu'ils puissent être. *Contenant soixante articles. Registrées au Parlement de Bretagne le quatorze Juin mil sept cens trente six.*

Du 29. May 1736.

* Sentence du Bureau de la Ville de Paris, qui condamne Jean Barbier Blanchisseur de Linge, Propriétaire d'une maison située au Gros Caillou, en trois mille livres d'amende applicable à l'Hôpital General, pour avoir construit en icelle, sans en avoir obtenu la permission, un Bastiment de dix-huit pieds de face sur vingt un de profondeur & de dix-neuf pieds de haut ; & attenant ledit Bastiment un Angard en bois formant une espece de salle ; ordonne que lesdits Bastiment & Angard seront rasés, les materiaux confisqués, & la place réünie au Domaine du Roy.

Du 9. Juin 1736.

* Arrest de la Chambre des Comptes de Paris, portant Reglement pour les Comptes à rendre par les Receveurs Generaux des Domaines & Bois, du produit des Droits casuels, Francs-Fiefs, Amortissemens, nouveaux Acquets ou Usages employés esdits comptes, tant à jet qu'à néant.

Du 19. Juin 1736.

* Arreſt du Conſeil , qui regle les ſalaires des Notaires , pour les Declarations qui doivent être paſſées au Terrier de Verſailles, Marly, Meudon & Saint Germain ; les Cens qui doivent être payés & la remiſe qui pourra être faite ſur les Droits Seigneuriaux dûs à Sa Majeſté, *contenant douze Articles.*

Du 19. Juin 1736.

* Lettres Patentes, *Regiſtrées au Parlement le 20 Juillet* 1736. qui ordonnent que pour tenir lieu de vente des Bois dépendans du Domaine de Verſailles , pour l'Ordinaire de l'année 1737. il ſera procedé au Siege du Bailliage Royal de Verſailles, à l'adjudication au plus offrant & dernier encheriſſeur, en la maniere accoûtumée , de la quantité de deux cent quinze arpens de Bois ou environ en trois parties, ſitués, tant dans le Parc de la Foreſt de Marly, que dans les grand & petit Parcs de Verſailles, à la charge par celui qui s'en rendra Adjudicataire, d'y reſerver tous les Balliveaux de Cheſne qui s'y trouveront en bons fonds & en état de profiter ; leſquels ſeront marqués avant ladite adjudication, dont Procès verbal ſera dreſſé & inſeré dans le cahier des Charges ; de ſe conformer lors de la coupe & exploitation deſdits Bois , à l'Ordonnance des Eaux & Foreſts du mois d'Aouſt 1669. & de remettre le prix de ladite adjudication, tant en principal que vingt-ſix deniers pour livre dans les tems qui ſeront fixés par ledit cahier, ès mains du ſieur Liart Commis à la recette deſdits Domaines, pour en compter au profit de Sa Majeſté , ainſi que des autres deniers de ſa recette, conformément à la Declaration du 6 Octobre 1722.

Du 20. Juin 1736.

* Arreſt du Conſeil, qui permet à Jean Bolly & Charles Bruneteau Entrepreneurs du nouveau Marché de la Ville de Verſailles, de faire conſtruire à leurs frais & dépens, ſuivant leurs offres,

dans les quatre Pourtours restans des quatre quarrez de la
Place du Parc aux Cerfs, des Echopes en forme de Halles,
au lieu des Baraques qu'ils devoient y faire construire, à la
charge que lesdites Echopes seront construites avec bois de
charpente & couvertures d'Ardoises, des mêmes longueurs,
largeurs & hauteurs desdites Baraques; lesquelles Echopes
seront chargées envers le Domaine de Versailles, des mêmes
redevances réglées par les Lettres Patentes du 14 Juin 1735.
pour les Baraques.

Du 26. Juin 1736.

* Lettres Patentes, portant que les Droits de Poids, Me-
sures, Langayages, & autres qui se levent dans le Marché
de la Ville de Versailles, seront à l'avenir perçûs, suivant
& conformément au Tarif arresté au Conseil le 24 Juin 1736.
avec défenses aux Fermiers & Adjudicataires desdits Droits,
& tous autres, d'exiger autres & plus grands Droits, à peine
de concussion. *Registrées en Parlement le 13. Juillet 1736.*

Du 6. Juillet 1736.

* Sentence du Bureau de l'Hôtel de Ville de Paris, qui condamne Joseph Bocquet Maître Marechal, Propiétaire d'une
maison à Porte-Cochere Grande rue du Fauxbourg Mont-
martre, en trois mille livres d'amende applicable à l'Hôpital General, pour avoir en icelle fait construire un corps-
de-logis déja élevé de trente pieds de haut, au lieu de trois
toises cinq pieds & demi, conformément à la permission
qui lui en a été accordée, & avoir fait construire deux aî-
les audit corps-de-logis, déja élevées à la hauteur de cinq
toises sur trois toises cinq pieds de longueur & deux toises
de profondeur, sans permission; qui ordonne que lesdites
constructions seront rasées, les materiaux confisquez, & la
place réünie au Domaine du Roy.

Du 31. Juillet 1736.

Arreſt du Conſeil, qui fait défenſes au ſieur Duc de Bouillon de percevoir à l'avenir aucuns Droits de travers ou péage, ſous quelque domination que ce ſoit, ſur le Pont & aux Portes d'Ennery, de Barre & du Chapelet, & autres Portes de la Ville de Pontoiſe, Generalité de Paris.

Du 14. Aouſt 1736.

* Arreſt du Conſeil, qui condamne les Fermiers du Domaine de la Generalité d'Orleans, à payer aux Fermiers des Domaines de la Generalité de Bourges, la ſomme de quinze cent trente - cinq livres neuf ſols pour la part & portion qui leur revient dans le droit de rachat du Duché de Sully, à cauſe des dépendances dudit Duché qui ſe trouvent ſituées dans la Generalité de Bourges.

Du 4. Septembre 1736.

* Arreſt du Conſeil, qui ordonne que les Sentences des Maiſtriſes des Eaux & Foreſts, ſeront ſignifiées dans la quinzaine, à la Requeſte des Procureurs du Roy, pourſuite & diligence des Receveurs des amendes, & à leurs frais.

Du 8. Septembre 1736.

* Declaration du Roy, qui en expliquant l'article premier de celle du 25. Mars 1732. ordonne que ceux qui voudront s'inſcrire en faux contre les Procès-verbaux des Commis & Employez des Fermes, ſeront tenus de le déclarer au plûtard dans le jour de l'échéance des Aſſignations qui leur ſeront données à trois jours, & le neuviéme jour y compris pareillement le jour de l'Exploit dans les Aſſignations données à huitaine.

Regiſtrée en la Cour des Aydes de Paris, le 5. Oƈtobre 1736.
En celle de Roüen, le 11. Decembre 1736.

Au Parlement de Grenoble, le 14. Decembre 1736.

En celui de Rennes, au Conseil Souverain de Roussillon, & en la Cour des Aydes de Montpellier, le 18. Decembre 1736.

Au Parlement d'Aix & en celui de Pau, le 19. Decembre 1736.

En celui de Metz, le 20. Decembre 1736.

En la Cour des Aydes de Montauban, & en celle de Clermont-Ferrand, le 24. Decembre 1736.

En celle de Bordeaux, le 12. Janvier 1737.

Au Parlement de Dijon, le 28. Janvier 1737.

Et en la Cour des Aydes de Dole, le 14. Fevrier 1737.

Du 18. Septembre 1736.

* Arrest du Conseil, qui maintient les Officiers, Huissiers, Audienciers, Arpenteurs, Receveurs des amendes, Gardes Generaux, Collecteurs des amendes, & Gardes Particuliers des Maîtrises Particulieres des Eaux & Forests de Riom & Ambert, soit en titre ou par commission, dans les privileges & exemptions attribuez à leurs Offices par les Ordonnances, Edits & Arrests; fait très-expresses deffenses aux Maires, Echevins, Consuls & Collecteurs des Tailles des Villes, Bourgs & autres lieux, où lesdits Officiers font leur résidence actuelle, de les comprendre à l'avenir dans aucun Rolle d'Ustanciles, Fournitures, Contributions, Subsistances & autres Charges publiques; de leur distribuer aucun logement de Gens de Guerre, & de les troubler dans la joüissance de leurs Privileges & exemptions, à peine de cinq cent livres d'amende; décharge ceux desdits Officiers qui ont été nommés pour faire la Collecte des Tailles & autres Impositions; ordonne qu'ils seront taxez d'Office par le sieur Intendant de la Province d'Auvergne.

Du 18. Septembre 1736.

* Arrest du Conseil, qui casse & annulle le Jugement de la Chambre des Eaux & Forests du Parlement de Besançon,

du

du 26. Fevrier 1734. & ordonne que la Sentence de la Maiſtriſe Particuliere de Gray du 30. Octobre 1733. ſera exécutée; & en conſequence, fait défenſe au Greffier de la Communauté d'Eſſerrenne, & aux Greffiers des autres Juſtices Seigneuriales qui ſont dans la diſtance des quatre lieuës portées par l'Article XV. du Titre des Bois des Communautez, aux Procureurs d'Office des Juſtices de les pourſuivre, & aux Juges de les juger; leur enjoint de les renvoyer à la Maiſtriſe, à peine contre chacun des Contrevenans de cinq cent livres d'amende; & enjoint aux Juges d'Eſſerrenne & à tous autres de l'étenduë de ladite Maiſtriſe, ſous la même peine, de repreſenter les Regiſtres des Rapports & celui de l'Audience, à la premiere requiſition des Officiers de ladite Maiſtriſe.

Du 18. Septembre 1736.

Arreſt du Conſeil, qui ordonne que dans les états au vrai & compte du prix de la premiere année du Bail de Nicolas Desboves Adjudicataire General des Fermes, il y ſera fait recette par Adverratur ſeulement du produit, pendant les ſix années du Bail de Pierre Carlier ſon Prédeceſſeur, fini le dernier Decembre 1732. des amendes de conſignation; enſemble des Droits appartenans à Sa Majeſté pour les Domaines réünis depuis le 19. Aouſt 1726. & que ledit Desboves comptera & fera recette du produit deſdites amendes & Droits Domaniaux dans le compte de la ſeconde année de ſon Bail, au lieu de la premiere portée par ledit Arreſt.

F I N.

www.ingramcontent.com/pod-product-compliance
Lightning Source LLC
LaVergne TN
LVHW021453060726
842527LV00006B/2222